AF267116

ALLOCUTION

PRONONCÉE

AU SERVICE FUNÈBRE DU GÉNÉRAL

DE LA MORICIÈRE.

ALLOCUTION

MGR L'ÉVÊQUE DE POITIERS

A LA SUITE DU SERVICE FUNÈBRE

CÉLÉBRÉ DANS SA CATHÉDRALE

A L'INTENTION DU GÉNÉRAL

DE LA MORICIÈRE.

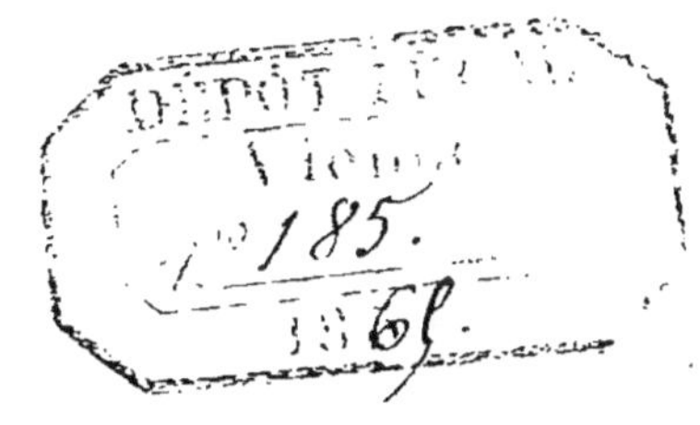

POITIERS

HENRI OUDIN, LIBRAIRE-ÉDITEUR.

A PARIS

CHEZ VICTOR PALMÉ, LIBRAIRE

RUE DE GRENELLE-S.-GERMAIN, 25.

1865

ALLOCUTION

PRONONCÉE PAR

MGR L'ÉVÊQUE DE POITIERS

A LA SUITE

DU SERVICE FUNÈBRE CÉLÉBRÉ DANS SA CATHÉDRALE
A L'INTENTION DU GÉNÉRAL

DE LA MORICIÈRE.

Beati servi illi quos, cum venerit Dominus, invenerit vigilantes.

Bienheureux ces serviteurs que le Maître, quand il viendra, aura trouvés veillant. (Luc, XII, 37.)

MES TRÈS-CHERS FRÈRES,

C'est le privilége des guerriers qui meurent au service de l'Église de remuer partout dans les âmes des regrets et des sympathies qu'il n'est pas donné aux autres mortels d'exciter au même degré. Ce que l'évêque élu de

Genève proclamait, en l'année mil six cent deux, dans la chaire de l'église cathédrale de Paris, à propos du trépas de Philippe-Emmanuel de Mercœur, ce vaillant défenseur du christianisme contre la fureur insolente des fils de Mahomet, la postérité le dira à propos de Léon-Christophe de La Moricière, ce soldat magnanime de la royauté pontificale assaillie par d'indignes chrétiens. Oui, « la France catholique a montré qu'elle avouait l'obligation qu'a toute la chrétienté à la mémoire de ce grand capitaine ». De toutes parts, des services religieux sont célébrés à son intention ; des harangues funèbres sont prononcées à sa louange ; des tributs sont offerts pour élever un monument à sa gloire. Ces témoignages spontanés se succèdent depuis trois mois sans interruption ; et, sur le parcours de ce cortége triomphal si inusité, on entend proclamer qu'après tout l'Église est encore la meilleure dispensatrice de la renommée, et que, même au sein de la société terrestre, nul n'est honoré comme celui que le Christ roi a entrepris d'honorer : *Sic honorabitur quem Rex voluerit honorare*[1]. D'autres, comblés ici-bas d'honneurs, de dignités, de richesses, n'ont laissé après eux aucune trace dans le

[1] Esther, VI, 3, 11.

souvenir de leurs concitoyens ; il n'en est pas plus fait mention que s'ils n'avaient pas vécu : *et sunt quorum non est memoria ; perierunt quasi nati non fuerint* [1]; leur nom s'est éteint dans le fracas de leurs funérailles payées des deniers de la contribution publique : *periit memoria eorum cum sonitu* [2]; courtisans de la prospérité et favoris de la fortune durant leur vie, à peine leur dépouille a-t-elle été conduite à sa dernière demeure, que le silence se fait, et qu'il n'y a plus de récompense pour eux, leur vie étant aussitôt livrée à l'oubli [3]. Il n'en est pas ainsi de nos Machabées : leur immortalité est inaugurée par leur trépas ; et, tandis que le ciel les reçoit en triomphe, leur nom est inscrit sur la terre parmi les noms les plus glorieux de l'Église militante.

Assurément, vous n'attendez pas de moi, mes Frères, que je recommence ici le récit d'une existence désormais rendue populaire par tant de beaux écrits et de panégyriques célèbres. En toute matière, il est des limites marquées qu'il ne faut pas dépasser ; dans notre pays,

[1] Eccli., XLIV, 9.

[2] Psalm. IX, 7.

[3] Mortui vero, nihil noverunt amplius, nec habent ultra mercedem, quia oblivioni tradita est memoria eorum. Eccle., IX, 5.

plus qu'ailleurs, elles doivent être respectées. La France, je dis même la France moderne, cette nation si impétueuse et si emportée, n'en a pas moins gardé le sentiment exact de la mesure ; et, autant elle excelle à s'en écarter souvent dans ses propres actes, autant elle serait prompte à s'offenser d'en voir les règles méconnues par les hommes du sanctuaire. En faisant donc aujourd'hui le sacrifice de mon jugement personnel qui me portait au silence, je m'appliquerai du moins à circonscrire le cadre de cet entretien ; et, me proposant le bien spirituel de vos âmes plus encore que la glorification de notre héros, je me bornerai à faire sortir de quelques circonstances qui ont précédé sa mort, des lumières et des leçons qui puissent éclairer et guider votre vie.

Il est écrit qu'au lieu que « la voie des impies est « une voie ténébreuse, et qu'ils ne savent où ils tom- « bent » : *Via impiorum tenebrosa, nesciunt ubi corruant,* « la voie des justes au contraire est un flambeau qui « croît en éclat, et qui va grandissant jusqu'au jour « parfait » : *justorum autem semita quasi lux splendens, et crescit usque ad perfectam diem* [1]. Cet épanouissement

[1] Proverb., IV, 18, 19.

de lumière, ce progrès du sens et de l'intellect chrétien est ce qui me frappe le plus dans la vie de cet illustre guerrier à partir du jour où il s'est posé dans la voie de la justice par un retour sincère aux vérités et aux pratiques du christianisme. Quand je considère les phases de cette âme, les évolutions de cette existence, je conçois un espoir dans mon cœur. Par tout ce qui constitue sa physionomie, La Moricière a été l'un des types les plus expressifs de la génération présente. Or, La Moricière est devenu un grand chrétien, un chrétien complet; sa foi n'a pas été seulement une foi active et militante, mais une foi docile et éclairée; le sentier de ce juste a été une lumière qui allait toujours croissant et grandissant jusqu'au jour parfait : *Justi autem semita quasi lux splendens, et crescit usque ad perfectam diem.*

Que la foi du pieux général ait été une foi vive et agissante, ils le savent ces pasteurs qui l'ont vu si attentif à remplir tous les exercices de la vie chrétienne, et si occupé de concerter avec eux et d'assurer dans chacun de ses domaines des ressources d'instruction, de sanctification et de soulagement pour toutes les souffrances physiques et morales : constructions d'églises, d'écoles chrétiennes, d'asiles de charité, et beaucoup d'autres œuvres de ce genre. Que cette foi ait été généreuse et militante, Castelfidardo et Ancône le racontent, et le Bullaire pontifical le déclare dans un langage que le monde entier connaît, et qui arrivera à la dernière postérité. Mais que cette foi ait été soumise, studieuse, docile, entière, absolue, c'est ce que je veux établir sur des documents qui ne laissent subsister aucun doute. Les grands maîtres dans l'art de parler et d'écrire ayant éloquemment traité toutes les autres parties du sujet, ma tâche unique, je l'ai dit, sera d'éclairer d'un nouveau jour la dernière page de cette belle vie.

Que d'hommes hélas! nous connaissons, chez lesquels une certaine estime du christianisme a relevé la vie morale, mais qui ne sont point mûrs pour la justification et pour le salut! Volontiers ils rendent aux doctrines de l'Évangile quelques hommages partiels, dont la religion profite, mais qui ne sauraient suffire, par eux-mêmes, à leur ouvrir la porte du ciel. On tremble pour eux, quand on entend la terrible parole du Sauveur Jésus : « Je ne vous connais pas » : *Nescio vos* [1].

---

[1] Luc., XIII, 25, 27.

Seigneur, diront-ils, mais n'avons-nous pas prononcé votre nom avec respect; n'avons-nous pas appuyé la morale sociale sur votre morale évangélique; n'avons-nous pas rapporté au principe chrétien les plus beaux faits de notre histoire, les plus riches conquêtes de notre civilisation : *Domine, nonne in nomine tuo prophetavimus, et in nomine tuo virtutes multas fecimus?* [1] Votre image était placée avec honneur dans notre maison ; notre entourage domestique observait vos commandements, et nous nous y soumettions nous-mêmes jusque dans nos repas : *Manducavimus coram te et bibimus* ; enfin, dans notre carrière d'hommes publics, nous avons maintenu le libre exercice de votre culte, et vous avez pu produire votre personne et votre enseignement jusque dans nos rues et sur nos places : *et in plateis nostris docuisti* [2]. « En vérité, leur dira Jésus, je ne vous connais pas, et « je ne vous ai jamais connus » : *Et tunc confitebor illis : quia nunquam novi vos* [3]. Ah ! c'est que le christianisme ne doit pas s'arrêter ainsi aux surfaces ; le christianisme est quelque chose de plus intime, de plus profond. La

1 Matth., VII, 22.
2 Luc., XIII, 26.
3 Matth., VII, 23.

première condition pour arriver à Dieu , c'est la foi ; si la foi n'est pas la lumière souveraine de l'intelligence et la directrice suprême de la vie , il n'y a pas possibilité de plaire à Dieu, ni d'arriver à lui : *Sine fide autem impossibile est placere Deo ; credere enim oportet accedentem ad Deum* [1].

Eh bien ! Léon de La Moricière a compris cela , et il l'a compris pleinement. Etant devenu chrétien par un premier assentiment général à la vérité évangélique et à l'autorité de l'Église , il a senti que c'était le devoir de toute sa vie d'homme intelligent d'étudier la vérité chrétienne sous ses divers aspects , pour lui payer le tribut de sa raison soumise et respectueuse. Il dépensait dans cette étude l'activité intellectuelle qui lui était propre ; il y apportait « ce besoin de netteté qui le tourmentait en toute chose », cette insistance questionneuse qui était dans ses habitudes. Ayant appris de l'Église ce qui assure le salut personnel de l'homme , il ne douta point que là aussi dussent se rencontrer les principes sauveurs de la société. Ce qu'il avait cherché pour lui-même, il le chercha pour son pays ; il voulut orienter sa vie de

---

[1] Hebr., XI, 6.

citoyen comme sa vie de particulier, se disant à lui-
même qu'il n'était pas plus permis aux nations qu'aux
individus « de rester le pied en l'air, entre le ciel et la
terre, entre le jour et la nuit, sans savoir où l'on va ».
Les chemins ténébreux ne lui convenaient plus, et il
était las d'y avoir trop longtemps marché à la suite de
tant d'autres, toujours près de tomber on ne sait où :
Via impiorum tenebrosa, nesciunt ubi corruant. La Moricière était frappé de la stérilité finale de toutes les œuvres de son siècle, et de celles de sa propre vie. Il avait
vu sombrer, à plusieurs reprises, des régimes auxquels
ne manquait ni l'intelligence, ni l'honnêteté, ni le courage. Il disait volontiers, avec cette verve originale et ce
langage pittoresque qui lui appartenaient, qu'il n'était
pas seulement le vaincu de la cause pontificale, mais le
vaincu de toutes les causes qu'il avait servies : le vaincu
de l'Algérie, où trente années et plus d'occupation
n'ont rien su édifier, et où les baptisés sont amenés à
subir en face du Coran des exigences auxquelles ni
l'orthodoxie, ni la fierté chrétienne ne s'étaient encore
résignées; le vaincu du Paris de 1848, dont toutes les
doctrines subversives, toutes les cupidités et les tendances
sensualistes, hautement consacrées et réhabilitées, ramè-
neront logiquement et infailliblement les mêmes désor-

dres et les mêmes excès; et il ajoutait que, pour se con-
soler de ses victoires sans lendemain, il avait besoin de
compter sur un lendemain de sa défaite. Ce lendemain
d'ordre européen, de stabilité des pouvoirs, de dignité
et de liberté des peuples, s'il était disposé à « l'accepter
de toute main », il en était venu à ne plus l'atten-
dre que de l'Église et des principes chrétiens. Il était
déjà dans ces dispositions d'esprit lorsque l'Église
parla.

Les chrétiens d'aujourd'hui ne le savent pas assez :
tout resplendissement nouveau de la lumière divine sur
les lèvres de l'Église porte avec lui et un devoir et un
bienfait. C'est au symbole même des apôtres qu'il est
écrit : « Je crois la sainte Église catholique ». Abaisser
son propre esprit devant l'Esprit de Dieu, cela est si rai-
sonnable, qu'il semblerait que c'est à peine méritoire ;
pourtant, c'est ici la grande victoire que nous avons à
remporter sur nous-mêmes. Et qu'on ne s'y méprenne
point : Jésus-Christ a promis d'être avec ses apôtres
« tous les jours jusqu'à la consommation des siècles » :
*ecce ego vobiscum sum omnibus diebus usque ad consum-
mationem seculi* [1]. L'Église a donc mission, assistance,

[1] Matth., XXVIII, 20.

autorité et grâce d'en haut pour nous donner l'enseignement qui convient à chaque jour, à chaque époque,
selon le mouvement des idées et le caractère des temps.
L'acquiescement de notre raison, l'adhésion de notre
entendement comme de notre volonté à l'autorité en-
seignante de l'Église contemporaine, c'est une nécessité
de la vertu théologale de foi. Il y a là pour le baptisé un
devoir envers l'Église de Dieu ; et il y a aussi un devoir
envers la vérité révélée, que nul n'a le droit de vou-
loir laisser dans le vague et dans l'indécis, lorsque l'autorité divine la lui présente sous le jour de l'affirmation
authentique et doctrinale. C'est de plus un bienfait ; car,
outre qu'en soi tout accroissement de lumière et de vérité est un gain pour l'intelligence de l'homme, il est
démontré par l'expérience que les affirmations et les dé-
finitions de l'Église ne se produisent jamais qu'en présence d'un besoin des âmes et des sociétés. Le chrétien
donc, en attendant que le jour de l'éternité luise sur son
front, et que l'étoile du matin se lève dans son cœur,
n'a rien de mieux à faire que de tenir son regard attaché
sur l'Église comme sur une lampe qui luit dans un lieu
ténébreux : *cui benefacitis attendentes quasi lucernæ lu-
centi in caliginoso loco, donec dies elucescat, et lucifer*

1***

oriatur in cordibus vestris [1]; et l'une des marques les plus assurées de la présence de l'Esprit-Saint dans une âme, c'est le tressaillement avec lequel elle implore, l'allégresse avec laquelle elle reçoit jusqu'au moindre rayon de cette science sacrée qui est le prélude de la vision céleste et l'avant-goût de la jouissance béatifique : *exultavit ut videret diem meum; vidit et gavisus est* [2].

Tels furent les transports et les joies de notre grand général dans les temps les plus voisins de sa mort. Oui, la voie de ce juste était un flambeau qui croissait en éclat, et qui a grandi jusqu'au jour parfait. Attentif à l'état des choses, au besoin des temps, à la désorganisation générale des sociétés, à la confusion et au désarroi du monde entier, La Moricière avait les yeux tournés vers les montagnes, c'est-à-dire, vers les hauteurs sacrées du christianisme, vers la papauté, vers la hiérarchie catholique, pour voir si le secours ne descendrait pas de ces sommets bénis [3]. Il entreprit de voir clair dans des questions religieuses qui semblaient diviser même les hommes re-

[1] II Petr., 1, 19.
[2] Joann., VIII, 56.
[3] Levavi oculos meos in montes, unde veniet auxilium mihi. Ps. CXX, 1.

ligieux, et il y appliqua les qualités merveilleuses de son esprit vif et lucide. Avec une foi robuste, il voulait savoir avant tout quel était l'enseignement de l'Église pour y adhérer ; puis, avec la promptitude de déduction et la richesse d'esprit pratique qu'il possédait, il cherchait dans quelle mesure et moyennant quels ménagements permis cet enseignement pourrait encore être appliqué efficacement aux lois et aux institutions sociales. Aussi, quand l'Église prononça ses sentences, il fut de ceux qui y trouvèrent la réponse aux questions posées dans leur esprit. Du premier coup, il se montra docile et satisfait. Il ne croyait pas que l'honneur de servir l'Église donnât à qui que ce soit le droit de la discuter. encore moins de la désavouer. Si des doutes d'opportunité, suggérés du dehors, se produisirent sur ses lèvres, ce fut sous la forme d'interrogation plutôt que d'objection. L'acte pontifical portait en lui-même et puisait dans les circonstances un caractère de grandeur qui le subjuguait. Plus la tempête était violente, plus il admirait la sainte audace du pilote. Tandis que la sagesse des sages et la prudence des prudents s'effraient et s'agitent autour de lui, il prie, il réfléchit, il observe ; et bientôt, s'animant à la vue de l'attitude générale de l'épiscopat, il exprime ainsi sa pensée : « En somme , écrit-il, on devrait pourtant bien voir que ce qui devait , disait-on , faire beaucoup de mal, s'est trouvé faire beaucoup de bien... Il faut , en ces choses , voir l'ensemble qui est splendide, et ne pas crier contre un magnifique concert, parce que de temps à autre on surprend quelque note fausse. Un orage n'empêche pas une moisson de mûrir. » A quelque temps de là, un livre dont il avait encouragé la publication, parvient entre ses mains [1]; il le lit, il le relit, il l'annote. De cette vaillante main, que la mort allait bientôt glacer, il crayonne sur la marge des exclamations sympathiques, d'enthousiastes *Très-Bien !* en face de passages tels que celui-ci : « On a dit assez ce que l'Encyclique n'était pas ; il reste à voir ce qu'elle est, et à trouver en elle ce qui doit , non-seulement ne pas blesser, mais attirer, satisfaire, captiver toutes les âmes droites et généreuses. Ce serait peu qu'elle fût inoffensive ; elle doit être souverainement efficace , bienfaisante, opportune ; et, aux princes comme aux peuples, à l'autorité comme à la liberté, elle doit offrir la seule garantie véritable, la

[1] L'Encyclique du 8 décembre 1864 et les Principes de 1789, ou *l'Eglise, l'Etat et la Liberté*, par Emile Keller, ancien député. Poussielgue, 1865.

seule réconciliation possible [1] ». Enfin , sans être en rien aveuglé par l'estime qu'il fait de l'homme, il écrit à l'auteur ces mots textuels, que je cite en entier, parce qu'ils renferment une profession de foi nette et catégorique, et qu'ils effacent toutes les hésitations et les incertitudes antérieures qu'on pourrait alléguer : « J'ai fini de lire votre beau livre, et je l'ai recommencé en y mettant quelques annotations. Vous avez tenu la promesse que vous faites au commencement d'expliquer, de motiver et de justifier l'Encyclique; vous avez déchiré tous les voiles, et vous marchez fermement dans le sentier de la vérité. Mais que de colères vous allez soulever! Déjà je vois qu'on fait autour de vous la conspiration du silence; cela n'aura qu'un temps, et plus tard on adoptera peu à peu vos appréciations, vos jugements, qui, sauf quelques restrictions que je vous signalerai, me paraissent profondément justes. Aujourd'hui je me borne à vous remercier des bonnes heures que vous m'avez fait passer en lisant toutes ces magnifiques pages consacrées à la défense de la *vraie* vérité [1]. » Ma bouche d'évêque n'éprouve aucun embarras à redire ces paroles du haut

[1] *Ibid.*, p. 8.
[2] Lettre du 9 août 1865.

de la chaire sacrée ; elles sont un hommage légitime à un livre dont quelques parties peuvent être discutées, dont quelques détails doivent être modifiés, mais qui, par son importance capitale, a mérité les éloges motivés du siége apostolique [1], et appellera l'attention de tous les hommes qui croient encore à l'autorité et à l'efficacité des enseignements de l'Église. Il serait par trop stérile de consacrer son épée, sa parole ou sa plume à la défense de la cause temporelle de la papauté, si, en abandonnant les principes fondamentaux du droit chrétien, on enlevait à cette souveraineté son unique moyen comme sa principale raison d'être et de durer.

Une fois entré dans cet ordre de sentiments et dans cette direction d'idées catholiques, l'esprit du général y pénétra chaque jour plus avant. Ainsi que Bossuet l'a dit d'un autre guerrier célèbre : « Dieu, qu'il invoquait avec foi, lui donna le goût de l'Écriture, et, dans ce livre divin, la solide nourriture de la piété [2] ». A la lecture des livres sacrés, La Moricière joignit celle de la *Somme théologique* de saint Thomas ; puis, l'étude d'une époque célèbre de l'Église gallicane le

---

[1] Bref apostolique du 7 octobre 1865.
[2] Oraison funèbre du prince de Condé.

conduisit à celle de l'histoire générale de l'Église. Trois heures avant sa mort, il avait interrogé à fond son pasteur sur la doctrine des indulgences et du purgatoire ; à l'heure où la mort se présenta, il n'était point endormi : un flambeau était allumé près de lui, et un volume de l'*Histoire ecclésiastique* était ouvert sur son lit. C'est dans ces pensées et dans ces préoccupations de son esprit qu'il fut surpris par l'arrivée du Maître. Vous l'avez dit, ô Seigneur : « Bienheureux les « serviteurs que le Maître, quand il viendra, trouvera « veillant ainsi ; oui, en vérité, bienheureux celui qu'il « trouvera agissant de la sorte » : *Beati servi illi quos, cum venerit Dominus, invenerit vigilantes ! Amen dico vobis : Beatus ille servus quem, cum venerit Dominus, invenerit ita facientem* [1] !

La succession des siècles et les vicissitudes des choses humaines ramènent ici-bas, mes Frères, de singulières similitudes de situations et de caractères. Au début de cette allocution, j'ai prononcé le nom de Philippe-Emmanuel de Mercœur, guerrier célèbre que les circonstances politiques et les raisons d'État forcèrent à quitter un grand service militaire, et qui, profitant de sa liberté,

[1] Luc., XII, 43.

se mit à la tête d'une expédition pour la défense de la chrétienté menacée par les infidèles. Or, je ferais le panégyrique complet de Léon-Christophe de La Moricière, si je détachais, pour les lui appliquer, les traits les plus saillants de l'oraison funèbre prononcée par saint François de Sales. L'un et l'autre de ces hommes de guerre furent saisis par la mort loin des camps et loin de la famille, dans un âge et une vigueur qui leur permettaient de méditer encore de grands exploits et d'utiles services; nul d'eux ne fut pris au dépourvu. Oui, certes, dirai-je avec le saint évêque : « La vie de l'homme est un grand œuvre, dont la conclusion est la plus remarquable et la plus importante partie. C'est pourquoi, l'homme prudent ordonne chaque journée comme devant être la dernière. Ainsi notre héros, se voyant proche du passage, n'eut pas beaucoup de peine à s'y résoudre : car, ne sachant pas où cette heure l'attendait, il l'attendait partout. Et, la voyant proche, il s'écria : « Or sus, loué soit
« éternellement, en la terre comme au ciel, mon Dieu,
« mon créateur : me voici arrivé par sa grande miséri-
« corde à la fin de cette vie mortelle. Sa toute bonté ne
« veut pas que je m'arrête plus longtemps parmi tant
« de misères. Je lui avais fait vœu d'aller à sa sainte
« maison de Lorette, pour y honorer la grandeur de sa

« Mère ; mais puisqu'il lui plaît, je changerai le dessein
« de mon voyage pour honorer au ciel celle que je dé-
« sirais honorer sur la terre. » Notre La Moricière avait-
il fait vœu de retourner à Lorette ? je ne le sais ; mais
s'il n'avait pas le projet de reprendre ce pèlerinage, ac-
compli dans des conditions si solennelles et si mémo-
rables, un autre voyage était l'objet de tous ses vœux. La
surveille de sa mort, il avait dit à son curé : « Toutes
mes affaires sont arrangées ; je règle tout comme si je
ne devais pas revenir ici ; d'un moment à l'autre, le
souverain pontife peut me rappeler ; je suis toujours à
ses ordres, comme chef de ses troupes, et je ne désespère pas de mourir pour lui. » Vous parliez ainsi, ô général, et Dieu voyait votre désir ; mais puisqu'il lui a plu
d'en disposer autrement, vous aussi, vous avez « changé
le dessein de votre voyage » pour honorer au ciel celui
dont vous aspiriez à servir le Vicaire sur la terre.

L'orateur sacré ajoute que le prince, « se ressouvenant
qu'il léguait à sa femme une fille pleine de bonté naturelle et de tous les signes qui peuvent présager une
excellente vertu, se réjouit en lui-même de lui laisser ce
gage de leur saint mariage, et réciproquement de laisser à sa fille une mère sous la douce et vertueuse conduite de laquelle elle ne pouvait que surgir au port qu'il

désirait ». La Moricière ne put point exprimer de semblables pensées. Eut-il même le temps de les concevoir ? je l'ignore. Ce que je sais, c'est qu'après s'être fait raconter minutieusement tous les détails des derniers instants de son mari, après avoir appris comment il pressait de toutes ses forces le crucifix sur ses lèvres et sur son cœur, comment il implorait de son regard la miséricorde du divin Rédempteur, la noble veuve prononça ces paroles, que je tiens d'une bouche sacrée :
« Dieu soit béni ! il n'aura donc pas eu le temps de s'af-
« fliger de notre absence, et notre pensée ne l'aura pas
« détourné de la pensée de Dieu ! »

Et, en effet, le général fut tout entier à la grande affaire qu'il lui restait à faire, au grand combat qu'il lui restait à soutenir, à la victoire finale qu'il lui restait à remporter. Il n'a de voix que pour appeler le prêtre, que pour réclamer les sacrements. Les sacrements : le vocabulaire officiel de notre temps ne comporte plus ce mot. On dit : les exhortations de la religion, les consolations qu'offre le christianisme au nom des doctrines de l'immortalité. Langage creux et païen. Dites : la confession, le saint viatique, l'onction dernière ; dites surtout : l'absolution demandée et reçue, et, avec elle et par

elle , le péché effacé, l'âme purifiée, le sceau de la justification imprimé par le sang de Jésus-Christ , le droit
au ciel octroyé par sa grâce. L'âme de ce fier chrétien
s'était plongée naguère encore dans le bain de la pénitence ; elle avait été nourrie de la chair divine ; peu
d'heures avant, elle se recueillait dans un sentiment
profond d'adoration et d'amour devant l'Agneau de Dieu
sorti de son tabernacle. N'importe, et quoique nous
sachions que Dieu, dans les trésors de sa miséricorde
extraordinaire, a pour ses élus des grâces vives et péné-
trantes qui consument en un clin d'œil toute l'impureté
que le commerce des hommes et l'air contagieux du
monde laissent dans les cœurs, cependant ce qui nous
console par-dessus tout, c'est que, d'une part, cette âme
s'est présentée à Dieu avec le plein acquiescement de sa
raison et de sa volonté aux jugements de la sainte Église ;
et c'est qu'en outre la sentence du pardon, si hautement réclamée, si impatiemment attendue , a pu être
proférée sur sa tête, cette sentence efficace et souveraine qui, alors que l'âme n'aurait à offrir peut-être à son
Juge qu'un amour imparfait, qu'une attrition impuis-
sante, l'élève, par la vertu du sacrement et par le
levier de la miséricorde, au niveau de la contrition et

de la charité qui ouvre l'entrée de la demeure céleste. Voilà les solides fondements de notre confiance, voilà les motifs de notre pleine assurance.

Que si néanmoins (je m'approprie de nouveau le langage du grand évêque de Genève), que si le secret inscrutable de notre Dieu vous avait encore confiné pour quelque temps, ô dévot et généreux esprit, au séjour de l'expiation, voici que nous vous donnons nos prières, nos oraisons, et surtout ces saints sacrifices afin qu'ils vous soient appliqués. Dieu vous reçoive en son saint domicile, ô belle âme ! Dieu exauce les demandes de tout le christianisme, lequel, joignant ses vœux aux nôtres, conspire à cet effet pour vous ! Dieu reçoive en la cité de Jérusalem triomphante celui qui a généreusement combattu pour la Jérusalem militante ! Dieu accorde sa gloire céleste à celui qui lui a sacrifié, immolé sa gloire humaine ! Et qu'après lui, il suscite d'autres héros qui reprennent son œuvre interrompue, et qui s'arment de la devise de tant de valeureux devanciers.

Spes mea Deus : « Mon espérance, c'est Dieu » : telle fut la devise de Christophe de La Moricière. *Plus fidei quam vitæ* : « Plus de foi que de vie » : c'était la devise d'Emmanuel de Mercœur. L'une et l'autre leur convenait à tous deux. Car, notre guerrier aussi a eu plus de foi que de vie, puisque sa foi a été maîtresse de sa raison et maîtresse de sa vie. Voyez-vous que, contre toute espérance humaine, il ne fait la guerre que selon que la foi le lui suggère, pour la religion et l'Église ? Et maintenant, ni la foi, ni l'espérance ne sont plus son partage. C'est un manteau qu'en entrant au ciel il laisse tomber à ses héritiers , comme Élie à son disciple Élisée. Mais qui sera le courageux Élisée qui recueillera ce manteau, et qui, plaçant son espérance en Dieu, et mettant sa foi au-dessus de sa vie, marchera sur les traces de ce grand capitaine ? « Ah ! dirai-je toujours avec le même pontife, si l'esprit de ce vaillant guerrier a quelque soin de nous , comme il n'en faut pas douter , je crois que c'est principalement pour le désir qu'il a que quelqu'un lui succède. Car, quel souci peut-il avoir pour ce qui reste en ce monde ? Ne sait-il pas quelle mère il laisse à ses filles, et ne voit-il pas ce que seront les filles d'une telle mère ? Non, croyez-moi qu'il n'a pas de plus grand souci que celui que je dis. Il me semble donc que je le vois nous arraisonnant avec une grâce céleste presque en ces termes : *Quis consurget mihi adversus malignantes ? aut quis stabit mecum adversus operantes iniquitatem ?* [1] Je suis maintenant en cette vie heureuse où la foi n'entre pas, où l'espérance ne subsiste pas ; car la clarté a banni la foi, et la jouissance a remplacé l'espérance. Je vois ce que j'ai cru ; je tiens ce que j'ai espéré. Mais la charité m'accompagne , laquelle me fait toujours désirer l'exaltation de l'Église et l'extermination de ses ennemis. Hé ! ne se trouvera-t-il personne qui veuille entreprendre de combattre après moi pour la gloire de mon Dieu, pour la liberté de son Christ terrestre , et qui , d'une âme courageuse , reprenne mes brisées pour une si sainte entreprise ? [2] »

Mes Frères, à Dieu ne plaise que je désespère des survivants de notre général. Il a laissé après lui des compagnons dignes de lui ; sans les désigner nommément, nous nous faisons gloire de n'en méconnaître aucun. Et comment trouver assez d'éloges aussi pour ces admirables jeunes gens qui, sans se décourager de leur petit nombre, persévèrent dans une milice d'autant plus glorieuse qu'elle est condamnée à plus d'abnégation, et

[1] Ps. XCIII, 16.

[2] Oraison funèbre du prince de Mercœur , par saint François de Sales.

d'autant plus nécessaire qu'elle servira au moins de le-
çon à ceux auxquels elle n'aura pas servi d'exemple ? Je
ne tairai point non plus ce grand cœur de gentilhomme,
de soldat et de prêtre, qui a organisé cette suprême défense militaire de l'Église, défense dans laquelle on peut
dire que rien n'a été perdu, puisque l'honneur français y
est demeuré sauf, et qu'elle a été la protestation authentique du droit chrétien. Mais au point où Dieu a permis que
fussent amenées les choses, j'ose dire aujourd'hui que
le sauveur de la papauté, le restaurateur de la chrétienté,
ce ne sera pas un homme, ce sera un peuple. Car les
nations, comme les particuliers, sont susceptibles de ré-
sipiscence. Je l'ai appris du panégyriste de Turenne :
il est des temps de désordre et de trouble, où l'esprit
ténébreux confond les droits avec la passion, le devoir
avec l'intérêt, la bonne cause avec la mauvaise, où les
astres les plus brillants souffrent quelque éclipse, et les
plus fermes esprits se voient entraînés malgré eux par
le torrent des choses, comme ces pilotes qui, se trouvant
surpris de l'orage en pleine mer, sont contraints de quitter la route qu'ils veulent tenir, et de s'abandonner pour
un temps au gré des vents et de la tempête. Telle est la
justice de Dieu ; telle est l'infirmité naturelle des hommes
et des peuples. Mais le sage revient aisément à soi, et il

y a dans la politique comme dans la religion une espèce de pénitence plus glorieuse que l'innocence même, qui répare des jours de fragilité par des années d'héroïsme.

Seigneur, mon Dieu, vous avez créé la France pour l'Église, et jamais la France n'abdiquera entièrement sa mission. Il y a dans le naturel de ce pays des ressources infinies, et les esprits y sont capables de retours inespérés. La Moricière, je l'ai dit, a été l'un des types les plus vrais du naturel français. Homme ancien et homme nouveau, homme de guerre et homme de tribune, homme d'initiative et homme de tradition, homme de premier mouvement et homme de conseil, il réunit en lui toutes les extrémités et tous les contrastes ; nul plus que lui n'a vécu des idées, des mœurs, des préjugés, en un mot, de la vie de son temps ; il en a partagé toutes les faiblesses et toutes les grandeurs, toutes les illusions et tous les désenchantements, toutes les prospérités et tous les revers. Eh bien ! j'ose l'espérer, la nation dont il a été l'une des brillantes personnifications, cette nation ardente et mobile, mais foncièrement honnête et sensée, triomphera des mêmes défauts par les mêmes qualités et au moyen des mêmes grâces. Dieu tient dans ses mains les cœurs des peuples aussi bien que les cœurs des hommes. Courage, ô France, c'est ainsi que tu reviendras à ta vocation première. De précieux instincts, qui se dérobent encore à toi, mais qui ne sont qu'endormis, se réveilleront dans ton sein. Et tandis que, comme Saul respirant encore les menaces et le carnage, tu sembleras lancée peut-être sur la route de Damas, dans la voie de l'impiété et de la violence, tout à coup une force secrète te renversera, une lumière subite t'enveloppera, et une voix se fera entendre. « Qui êtes-vous », t'écrieras-tu : *Quis es, Domine?* « Je suis Jésus que tu poursuis, que tu persécutes » : *Ego sum Jesus quem tu persequeris* [1]. O France, il est dur pour toi de regimber contre l'aiguillon. Faire la guerre à Dieu n'est pas dans ta nature. Relève-toi, race prédestinée, vase d'élection, et va, comme par le passé, porter mon nom à tous les peuples et à tous les rois de la terre [2]. Ainsi soit-il.

[1] Act., IX, 1-5.
[2] *Ibid.*, 15.

POITIERS. — TYP. DE HENRI OUDIN.

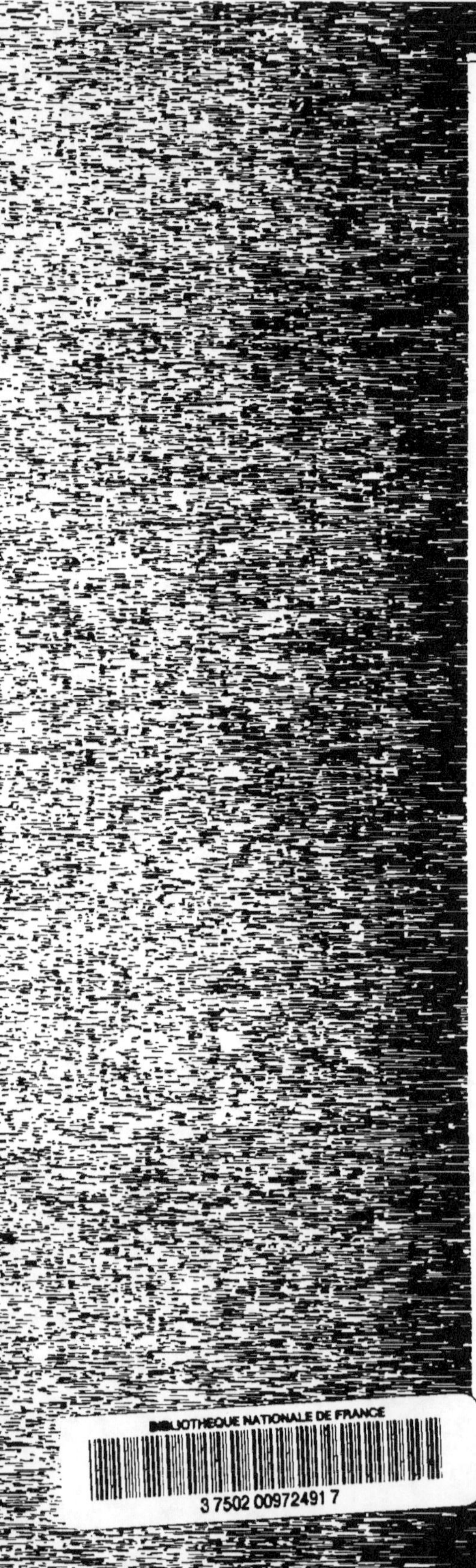

www.ingramcontent.com/pod-product-compliance
Lightning Source LLC
Chambersburg PA
CBHW051743050726
47598CB00003B/1310